AF450439

SCYLLA
ET
GLAUCUS,
TRAGEDIE,
REPRÉSENTÉE
PAR L'ACADEMIE ROYALE
DE MUSIQUE;

Pour la premiere fois, le Mardi 4 Octobre 1746.

PRIX XXX SOLS.

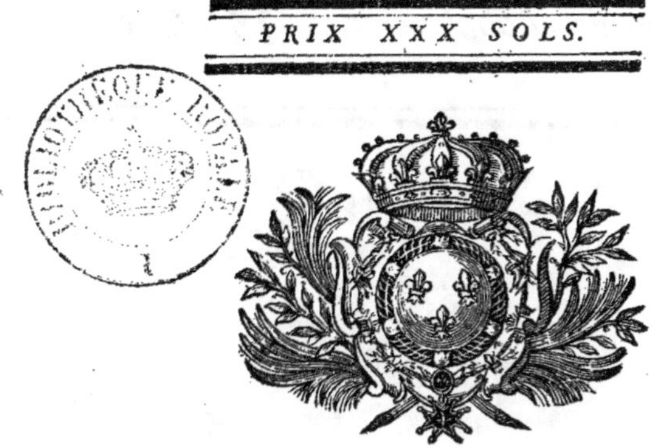

AUX DEPENS DE L'ACADEMIE.

On trouvera les Livres de Paroles à la Salle de l'Opera & à l'Academie Royale
de Musique, rue S. Nicaise.

M. D. CCXLVI.
AVEC APPROBATION ET PRIVILEGE DU ROY.

Les Paroles de Monsieur D'ALBARET.

La Musique de Monsieur LE CLAIR.

PREFACE.

LES sujets du Prologue & de la Tragédie, sont tirés l'un & l'autre des Métamorphoses. Ovide parle des Propétides comme Citoyennes de la Ville d'Amathonte : elles nioient la divinité de Venus ; la Déeffe irritée les changea en Statues de pierre. L'avanture des Propétides & celle de Scylla étant purement fabuleufes, je me fuis cru permis de les réunir fous une même époque, pour lier en quelque forte le Prologue à la Tragédie. J'ai plus ofé : pour avoir occafion de chanter notre glorieux Monarque, je fuppofe que ces deux évenemens fe paffent de nos jours ; & je ne crains point de pouffer trop loin les prérogatives de la fiction. En effet tels font les droits de la Poëfie dramatique, & l'avantage qu'elle a fur l'Epopée. Celle-ci quelque fuperieure qu'elle puiffe être d'ailleurs, n'offre jamais qu'une narration ; c'eft l'action même que l'autre met fous les yeux : Calliope en un mot chante les Héros & les faits fans les déplacer, & fans les faire revivre ; Melpoméne en les tranfportant au tems même de la repréfentation, leur donne un nouvel être, & les rend contemporains du Spectateur.

Je dois encore dire quelque chofe fur la machine du quatriéme Acte, qui pourroit paroître trop finguliére à ceux qui ne connoiffent point les Poëtes Latins : c'eft chez eux que j'ai pris mes enchantemens ; je n'ai fait que les mettre en action. Je me fuis auffi fervi pour amener Hécate fur la fcêne, de l'opinion établie dans la fable, touchant cette triple Divinité qu'on a feint être Diane fur la terre, la Lune dans le ciel, & Hécate dans les enfers. La connoiffance & l'ufage des plantes empoifonnées, qui faifoient la principale fcience

A ij

de Circé, m'ont donné l'idée de l'herbe mortelle que lui apporte la Déeſſe.

Je ne diſſimulerai point qu'on m'a reproché de finir trop triſtement par la cataſtrophe de Scylla, & par le tableau de ſa métamorphoſe. Quant au dernier, j'ai cru que ce Spectacle pouvoit avoir ſa beauté, & ſi je l'oſe dire, ſon genre d'agrément : & pour l'autre, outre que j'avois été devancé par Thomas Corneille qui ayant traité préciſément le même ſujet dans ſa Circé, & voulant finir par un dénouement heureux, m'a ravi le ſeul peut-être que j'euſſe pu employer ; j'ai bien de la peine à convenir que cette fin tragique ſoit un défaut pour un Opera-Tragedie. La peine qu'éprouve le Spectateur attendri, n'a-t'elle pas ſes charmes ? Je ne ſçai même ſi la ſatisfaction contraire n'eſt pas inferieure à cette ſorte de plaiſir. Le grand point eſt de toucher, d'intereſſer aſſez pour qu'on emporte des regrets : & c'eſt ce que je n'oſe me promettre.

ACTEURS CHANTANS

Dans les Chœurs.

CÔTE' DU ROI.		CÔTE' DE LA REINE.	
Mesdemoiselles.	*Messieurs.*	*Mesdemoiselles.*	*Messieurs*
Dun.	Lefebvre.	Cartou.	Deferre.
	Marcelet.		Gratin.
Tulou	Le Page C.	Monville.	S. Martin.
Delorge.	Laubertie.		Le Mefle.
	Fel.	Riviere.	Bellanger.
Larcher.	Bourque.		Levaffeur.
Delâtre.	Houbault.	Maffon.	Belot.
	Bornet.		Loüatron.
Cazeau.	Duchênet	Rôllet.	Terraffe.
	Gallard.	Delorme.	Chapotin.
Lurcy.	Rochette.		Dugué
Monbrun.	Pinot.	Gondré.	Quintin.

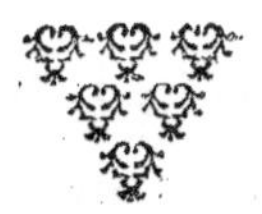

ACTEURS

DU PROLOGUE.

LE CHEF des Peuples d'Ama-
thonte, SACRIFICATEUR,   Mr Perſon.

Peuples d'Amathonte.

UNE PROPETIDE,   Mr Cuvillier.

Propetides,

VENUS,   Mlle Romainville.

L'AMOUR,   Mlle Cazeau.

PERSONNAGES DANSANS.

PEUPLES D'AMATHONTE.

Mlle le Breton.

Mr Matignon, Mlle Lyonois.

Mrs Dangeville, Caillez, Lyonois, Feuillade.
Mlles Puvignée, Minot, du Château, Devaux.

PROPETIDES.

Mrs Device, Hamoche, P. Dumoulin.

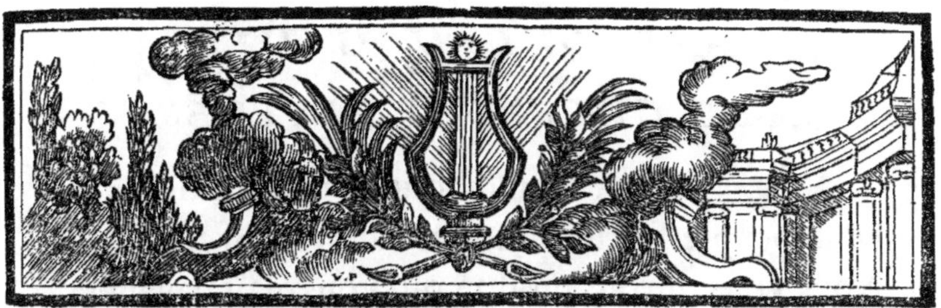

PROLOGUE.

Le théatre repréfente un temple de Venus, où les Peuples d'Amathonte célebrent une fête à l'honneur de cette Déeffe.

SCENE PREMIERE.

LE CHEF DES PEUPLES D'AMATHONTE,

CHŒUR DES PEUPLES D'AMATHONTE.

C H Œ U R.

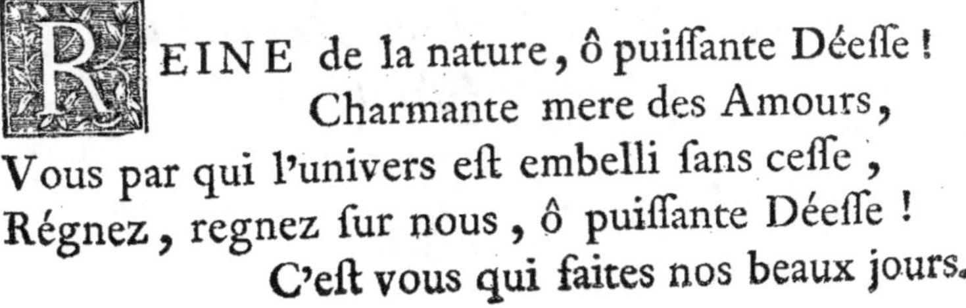

REINE de la nature, ô puiffante Déeffe !
    Charmante mere des Amours,
Vous par qui l'univers eft embelli fans ceffe,
Régnez, regnez fur nous, ô puiffante Déeffe !
    C'eft vous qui faites nos beaux jours.

LE CHEF DES PEUPLES.

L'encens n'eft que le moindre hommage
D'un peuple fortuné, comblé de vos faveurs :
Nous vous offrons un don qui vous plaît davantage,
Immortelle Venus, c'eft le don de nos cœurs.

LE CHŒUR *reprend.*

Reine de la nature, ô puiffante Déeffe ! &c.

On danfe.

Le divertiffement eft interrompu par l'arrivée des
Propetides, qui viennent troubler la fête.

LE CHEF DES PEUPLES.

Quel bruit foudain ! Quel trouble ! Et qui peut dans
ces lieux

Interrompre nos jeux ?

Les Propetides arrachent les ornemens du temple,
abbattent la ftatuë de Venus, & l'autel fur
lequel elle eft pofée.

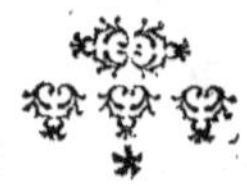

SCENE II.

SCENE II.

LE CHEF DES PEUPLES, UNE PROPÉTIDE.
Chœur des Peuples, Chœur des Propétides.

CHŒUR des Propétides.	*LE CHEF des Peuples pendant le Chœur.*
DEtruifons ce temple profane. Renverfons des autels que la raifon condamne.	Ciel ! Quels attentats furieux.

UNE PROPÉTIDE.

D'une Déeffe imaginaire
Banniffons le culte odieux :
C'eft vainement qu'on la révere,
Venus ne fut jamais admife au rang des Dieux.

LE CHŒUR reprend.

Detruifons, &c.

LE CHEF DES PEUPLES.

Redoutable Venus, on vous livre la guerre,
Vengez-vous puniffez des complots criminels :
Que le maître des Dieux vous prête fon tonnere ;

B

Qu'un exemple effrayant puiſſe apprendre à la terre
A reſpecter les Immortels.

On entend gronder le tonnerre , & l'on voit
des éclairs.

Quel tonnerre! Quels feux ! tremblez : c'eſt rarement
Que le Ciel ſur l'impie a grondé vainement.

On entend un bruit de timbales & de trompettes. Venus
deſcend dans un char , ayant l'Amour à ſes pieds. Les
Propétides ſe rangent ſur les aîles du théatre.

S C E N E   I I I.

VENUS, L'AMOUR, LE CHEF DES PEUPLES.
CHŒUR DES PEUPLES, CHŒUR DES PROPÉTIDES.

V E N U S, aux Propétides.

CEssez de braver ma puissance ;
Eprouvez les effets d'une juste vengeance.

*Les Propétides font métamorphosées en statues de pierre ,
qui de chaque côté bordent le théatre.*

V E N U S, aux Peuples.

Pour vous dont je reçois & l'encens & les vœux ,
Peuples que je chéris, ne prenez point d'allarmes
      Si l'appareil du Dieu des armes
      M'annonce & me fuit en ces lieux :
Depuis qu'un Roi charmant dont la gloire m'est
   chere ,
      Ne se plaît que dans les hazards ,
      Et semble disputer à Mars
      Le titre de Dieu de la guerre ,
      Les trompettes & les tambours
      Deviennent les jeux des Amours.
            B ij

C H OE U R.

Les trompettes & les tambours
Deviennent les jeux des Amours.

L E   C H E F des Peuples.

Des Nations il triomphe fans peine :
Sa valeur les foumet, fa bonté les enchaîne ;
Leur bonheur répond de leur foi.

L' A M O U R.

Dans un augufte fils, la plus chere efpérance
Des peuples foumis à fa loi,
Il voit de fes vertus croître la récompenfe.

V E N U S, L' A M O U R,
& le C H E F des Peuples.

Que digne fils du plus grand des vainqueurs,
Il apprenne d'un Roi que la gloire feconde,
A vaincre, à regner fur les cœurs,
A faire le deftin du monde.

C H OE U R.

Que digne fils du plus grand des vainqueurs,
Il apprenne d'un Roi que la gloire feconde,
A vaincre, à regner fur les cœurs,
A faire le deftin du monde.

On danfe.

L'AMOUR.

Venez , qu'Amour vous couronne,
Approchez charmans guerriers ,
Comme la fiére Bellonne ,
Il vous offre ses lauriers :

Que vous serviroit la gloire ?
Sans l'amour est-on heureux ?
Il n'est de douce victoire
Que dans l'empire amoureux.

VENUS.

Votre zéle pour moi brille assez dans vos jeux :
Mais pour mieux assurer ma gloire ,
Il manque à mon triomphe encore une victoire.

Dans la Sicile on méprise mes feux ;
D'une foule d'amans empressés à lui plaire ,
L'orgueilleuse Scylla dédaigne les soupirs :

à l'Amour.

Mon fils , allez soumettre une Nimphe si fiére ;
Qu'elle apprene en ce jour à former des désirs.

l'Amour s'envole.

FIN DU PROLOGUE.

ACTEURS
DE LA TRAGEDIE.

SCYLLA, *Nymphe*, — Mlle Fel.

TÉMIRE, *Confidente de Scylla*, — Mlle Coupée.

GLAUCUS, *Dieu Marin*, — Mr Jeliote.

CIRCÉ, *Magicienne*, — Mlle Chevalier.

DORINE, *Confidente de Circé*, — Mlle Jaquet.

LICAS, *Confident de Glaucus*, — Mr de la Mare.

ACTEURS DES DIVERTISSEMENS.

UN BERGER, } *Amans de Scylla*, — Mr de la Tour.
UN SILVAIN, } — Mr Albert.

Bergers & Silvains.

Ministres de Circé.

UNE CORIPHÉE *des Suivans de Circé.* — Mlle Cazeau.

Divinités de la Mer.

Divinités infernales.

HÉCATE, — Mr Albert.

Peuples de Sicile.

La Scêne est en Sicile.

PERSONNAGES DANSANS.
DANS LES DIVERTISSEMENS.

PREMIER ACTE.
SILVAINS ET BERGERES.

Mr D. Dumoulin. Mlle Camargo.

Mlles Courcelle , S. Germain , Lyonois c. Minot ,
Sauvage , du Château.

M. Pitro.

Mrs Matignon , Dumay , Monfervin , du Pré , Lionois,
Feuillade.

SECOND ACTE.
MINISTRES DE CIRCE' *fous des formes agréables.*

Mr du Pré.

Mrs Hamoche , Dangeville , P. Dumoulin , Caillez ,
Feuillade , Lyonois.

Mlles Courcelle , S. Germain , Thiery , Beaufort ,
Lyonois c. Minot..

TROISIEME ACTE.
DIVINITE'S DE LA MER.

Mlle Dallemand.

Mrs Dumay , du Pré , Lyonois , Caillez.

Mlles Rofali , Petit , Beaufort , Thiery.

QUATRIEME ACTE.
DEMONS.

M. Pitro.

Mrs Dumay, du Pré, Caillez, Hamoche, Matignon,
Monfervin, Feuillade, Lyonois.

CINQUIEME ACTE.
PEUPLES DE SICILE.

Mlle Camargo.

Mrs Matignon, Monfervin.
Mlles Carville, Lyonois.

Mrs Malter c. Fr. Dumoulin.
Mlles Sauvage, Thyery.

Mrs Lyonois, Device.
Mlles Rosali, Petit.

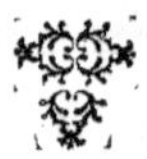

ACTE I.

SCYLLA ET GLAUCUS,
TRAGEDIE.

ACTE PREMIER.

Le théatre repréfente d'un côté une forêt, & de l'autre
une campagne.

SCENE PREMIERE.

S C Y L L A, feule.

NON, je ne cefferai jamais
De fuir tes dangereufes chaînes,
Amour, les biens que tu promets
Peuvent-ils égaler tes peines ?

C

Un cœur féduit par tes attraits,
Eprouve fous tes loix une rigueur extrême ;
Et je vois les tourmens où je m'expoferois,
Par les maux que je fais moi même.

Non, je ne cefferai jamais
De fuir tes dangereufes chaînes,
Amour, les biens que tu promets,
Peuvent-ils égaler tes peines ?

SCENE II.

SCYLLA, TÉMIRE.

TÉMIRE.

QUe votre empreffement a de quoi m'étonner!
Vous prévenez les jeux que l'amour vous
apprête ;
Belle Scylla, que dois-je foupçonner ?
Ce Berger, ce Silvain. . . .

SCYLLA.

Je recevrai leur fête ;
C'eft tout ce qu'obtiendront leurs foins :
Témire, puis-je faire moins ?

T É M I R E.

Quand on craint d'avoir le cœur tendre,
Des doux chants de l'Amour il se faut bien garder:
On n'est pas loin de lui céder,
Lors qu'on prend plaisir à l'entendre.

S C Y L L A.

En vain ces deux amans cherchent à m'engager,
Je les entens sans crainte, & les vois sans danger;
Mon cœur sçaura bien s'en deffendre.

T É M I R E.

Contre un autre ce cœur seroit-il aussi fort?
Glaucus, ce jeune Dieu de la cour de Neptune...

S C Y L L A.

J'ignore quel dessein l'attire sur ce Bord;
Mais sa présence m'importune.

T É M I R E.

Pourroit-il déplaire à vos yeux?

S C Y L L A.

Nos Bergers, nos Silvains approchent de ces lieux.

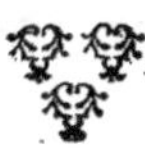

SCENE III.

SCYLLA, TÉMIRE,

Un Berger et un Silvain, *Amans de Scylla.*

BERGERS ET SILVAINS.

C H Œ U R *des Bergers.*

Aimez, aimez Nimphe charmante,

C H Œ U R *des Silvains.*

Venez régner dans nos forêts :

LES BERGERS ET LES SILVAINS.

Couronnez la flâme conftante

Les Berg. Du fidéle Berger ,
Les Silv. De l'Amoureux Silvain, } qu'enchaînent vos attraits.

On danfe.

L E B E R G E R , *Amant de Scylla.*

Loin de nos retraittes ,
Loin de nous ,
Les foupçons jaloux,
Les plaintes inquietes :

C H Œ U R *des Bergers.*

Loin de nos retraittes , &c.

LE BERGER.

Tendre amour, grace à tes bienfaits
Nous jouïssons en paix
D'un sort plein d'attraits :

LE BERGER & le CHŒUR.

Nos hameaux tranquiles
Sont d'heureux aziles ;
Régnez Plaisirs, régnez, ne nous quittez jamais.

On danse.

LE SILVAIN, *Amant de Scylla.*

Nos Bois sçavent taire
Un tendre mistére ;
Et pour ne nous trahir pas,
L'écho nous répond tout bas :

CHŒUR *des Silvains.*

Nos bois sçavent taire, &c.

LE SILVAIN.

L'ombre & le silence
Cachent nos secrets ;
Dans nos forêts,
Venez goûter la récompense,
Le prix des amans discrets.

CHŒUR *des Silvains.*

L'ombre & le silence &c.

On danse.

C H Œ U R des Bergers & des Silvains.

Chantons, chantons; que ces retraittes
Retentiſſent de nos concerts :
Que nos hautbois , que nos muſettes,
De leurs ſons rempliſſent les airs.

S C Y L L A.

Perdez une vaine eſpérance ;
Et laiſſez-moi jouïr d'un bien que je chéris :
Pour renoncer jamais à ſon indifference ,
Mon cœur en connoît trop le prix.

SCENE IV.

SCYLLA, TÉMIRE.

SCYLLA.

ALlons chere Témire ; & cherchons un azile
Où je puisse avec toi plus libre & plus tran-
quile ,
Goûter le doux repos qui peut seul m'enchanter.

TÉMIRE.

Voyez venir Glaucus.

SCYLLA.

Ne puis-je l'éviter ?

TÉMIRE.

Votre soin seroit inutile.

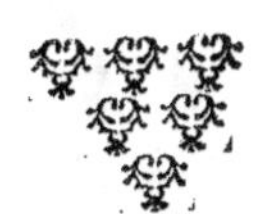

SCENE V.

SCYLLA, GLAUCUS,

TÉMIRE, LICAS.

GLAUCUS.

Nimphe, tout fur ces bords célébre vos appas ;
Des jeux & des plaifirs c'eft ici la retraitte :
    Les Amours ne vous quittent pas ;
On diroit à les voir attachés fur vos pas ,
    Qu'ils méditent votre défaite.

SCYLLA.

    L'Amour n'offre qu'un bien trompeur,
    En vain il cherche à me furprendre :
    Plus il attaquera mon cœur ,
    Plus j'aurai foin de le deffendre.

GLAUCUS.

Croirai-je que les chants que vous venez d'entendre,
Pour attendrir votre ame ont été fans pouvoir ?
    Le fort de l'amant le plus tendre ,
Eft-il en vous aimant de perdre tout efpoir ?
    Il en eft un dont la vive tendreffe
N'a point encore ofé fe montrer à vos yeux :
S'il découvroit fes feux....

                        SCYLLA.

SCYLLA.

Le nom d'amour me bleffe ,
Celui d'amant m'eft odièux.

GLAUCUS.

Eh quoi ? Dans ce mépris extrême
Que vous gardez à qui vous aime ,
Les Dieux mêmes , les Dieux feront-ils confondûs ?

SCYLLA.

Ah ! Je fçaurai toûjours leur rendre
Les hommages qui leur font dûs.

GLAUCUS.

Mon cœur moins fuperbe que tendre,
Exige feulement que vous daigniez fouffrir
Ceux que je prétens vous offrir.

Quand je ne vous vois pas, je languis, je foupire ;
Je goûte auprès de vous mille plaifirs parfaits :
Et quoique vos beaux yeux caufent tout mon
martire ,
J'oublie en les voïant tous les maux qu'ils m'ont
faits . . . .
Ciel ! Dans ces mêmes yeux je lis votre colére;
Cruelle Nimphe , où fuyez-vous ?

SCYLLA.

M'ofant faire un aveu qui ne fçauroit me plaire ,
N'avez-vous pas craint mon courroux?

D

SCENE VI.

GLAUCUS, LICAS.

GLAUCUS.

NE faut-il que l'aimer pour mériter sa haine ?
Tu l'as vu, cher Licas, ses mépris odieux
N'épargnent pas même les Dieux.

C'en est trop, malgré l'inhumaine,
Assurons le succès de mes tendres amours :
Circé peut aisément mettre fin à ma peine ;
Allons implorer son secours.

FIN DU PREMIER ACTE.

ACTE SECOND.

Le théatre repréfente le palais de Circé.

SCENE PREMIERE.

CIRCÉ, DORINE.

CIRCÉ.

OUI, je dois craindre encor les amoureufes
    peines,
Dorine, tout m'annonce un fi preffant
danger.

DORINE.

Se pourroit-il qu'en de nouvelles chaînes
    Circé voulût s'engager ?

C I R C É.

Mille troubles fecrets en moi viennent de naître,
La crainte & l'efpérance y régnent tour à tour :
Après avoir cedé tant de fois à l'Amour,
   Ah ! Pourrois-je le méconnoître ?

Je fens qu'il doit encor triompher en ce jour.

D O R I N E.

Mais ne fongez-vous point aux effets déplorables
   Qu'ont toûjours produit vos foupirs ?
   Et tous ces monftres innombrables,
   Ne font-ils pas de vos defirs
   Les victimes trop miférables ?

C I R C É.

   Mon cœur eft fait pour s'enflâmer,
   J'oppofe en vain ma réfiftance :
   Il languit dans l'indifférence ;
   Et ne peut vivre fans aimer.

Apprens ce qu'aujourd'hui mon art m'a fait con-
  noître :
   J'ai fçu découvrir que l'Amour
   Devoit conduire en ce féjour,
Un amant rebuté, trop fidele peut-être.

D O R I N E.

Vous voïez le danger ; fongez à l'éviter.....

CIRCÉ

Ah ! mon fort eſt inévitable ;
C'eſt offenſer l'Amour que de lui réſiſter :
Non, je ne veux point l'irriter ;
Son courroux eſt trop redoutable.

DORINE.

Quoi ! vous pourriez brûler pour un amant
Qu'un autre objet engage ,
Et que vous ne verrez peut-être qu'un moment.

CIRCÉ.

Mon cœur pour l'arrêter mettra tout en uſage ,
Et pour rendre à ſes yeux ce ſéjour plus charmant ,
Dorine , tu connois ces jeux dont la molleſſe
Au cœur le plus ſauvage inſpirent la tendreſſe ,
Qui peuvent faire en un inſtant
Du plus fidele un inconſtant ;
L'Amour ſecondant mon adreſſe ,
Je ſçaurai.... Mais on vient.... Et mes ſens éperdûs...
Dorine.... C'en eſt fait.... L'objet qui ſe préſente,
Porte à mon ame chancelante ,
Tous les coups que j'avois prévûs.

SCENE II.

CIRCÉ, GLAUCUS,
GLAUCUS.

Fille du Dieu brillant dont la courfe éternelle
Eclaire la terre & les cieux,
Vous voyez ce mortel fameux
Qui fous une forme nouvelle,
Dans l'humide féjour admis au rang des Dieux,
Partage leur gloire immortelle.

CIRCÉ.

Et quel eft le fecours que Glaucus en ces lieux
Semble attendre de mon zéle :

GLAUCUS.

Vous pouvez d'un feul mot par vos enchantemens
Forcer le jour à faire place aux ombres,
Evoquer les Démons hors des Royaumes fombres,
Et confondre les élemens :

Mais j'attens de votre art terrible,
De moindres effets en ce jour ;
Et dans le cœur d'une infenfible
Je voudrois trouver de l'amour.

C I R C É.

Ah ! loin de vous piquer d'une conſtance vaine,
Formez plûtôt, formez une nouvelle chaîne,
  Pour votre gloire & vos plaiſirs :

Mon art eſt peu certain, ou vous pouvez attendre
  Un cœur reconnoiſſant & tendre,
  Et plus digne de vos ſoupirs.

A vos vœux cependant je ne ſuis point contraire,
  Glaucus, il faut vous ſatisfaire.

SCENE III.

GLAUCUS, CIRCÉ.

MINISTRES DE CIRCÉ,

Qui par leurs chants & par leurs danses, viennent séduire
GLAUCUS.

CIRCÉ.

Ministres de mon art, de vos enchantemens
Que cet Amant éprouve un effet salutaire :
Et pour voir finir ses tourmens,
Qu'il reçoive de vous le secours qu'il espere.

Circé se retire.

On danse.

UNE CORIPHÉE.

Amans dont le prix
N'est qu'un fier mépris,
Brisez votre chaîne :

Doit-on s'attendrir,
Brûler & souffrir
Pour une inhumaine ?

Ah ! loin des tendres cœurs
Les rigueurs,
Les tristes langueurs :

Ne

Ne comptons jamais nos foupirs,
  Que par nos plaifirs.

C   H   Œ   U   R.

Ah ! loin des tendres cœurs, &c.

On danfe.

L A   C O R I P H É E.

Dieu d'amour que d'attraits
  Dans tes flâmes !

C   H   Œ   U   R.

Régne, régne à jamais
  Sur nos ames.

L A   C O R I P H É E.

Doux momens
Des amans !
A vos charmes
Tout rend les armes :

C   H   Œ   U   R.

Doux momens
Des amans !
Enchantez, charmez nos fens.

On danfe.

E

LA CORIPHÉE.

Sur ces Bords
Le plaifir nous anime :

CHŒUR, pendant lequel on danfe.

Nos tranfports
Et nos chants , tout l'exprime.

LA CORIPHÉE.

Les allarmes,
Les larmes
N'y troublent point nos vœux :

CHŒUR.

La tendreffe
Sans ceffe
Nous fait des jours heureux.

GLAUCUS.

Quel efpoir féduifant s'empare de mon ame ?
Quelle nouvelle ardeur m'enflâme ?
Plaifirs, aimables enchanteurs,
Je céde à vos charmes flatteurs.

à Circé qui reparoît.

Belle Reine, eft-ce vous ? Quel deftin favorable !
Que vous embelliffez ces jeux !
Mon cœur vous fouhaitoit ; votre préfence aimable
Le met au comble de fes vœux.

C I R C É.

Ah! si pour moi l'Amour vous fait sentir ses feux,
Mon trouble , ce soupir doit assés vous instruire
Que ce Dieu dans ma Cour n'a pas sçu vous conduire,
Pour vous y rendre malheureux.

SCENE IV.

CIRCÉ, GLAUCUS, LICAS,

Ministres, & Suivans de Circé.

L I C A S , à Glaucus.

QUelle secrette puissance
Retient Glaucus en ce Palais ?
Tandis qu'à son absence
Scylla donne mille regrets.

G L A U C U S.

Scylla! Quel nom viens-je d'entendre?
Sur mon égarement il m'ouvre enfin les yeux.
Que j'ai de graces à te rendre ,
Ami! Viens , sui mes pas ; abandonnons ces lieux.

Ils sortent.

S C E N E V.
C I R C É,
Mɪɴɪsᴛʀᴇs, *&* Sᴜɪᴠᴀɴs ᴅᴇ Cɪʀᴄᴇ́.

C I R C É.

Iʟ me fuit, hélas ! Il me quitte ,
Quand je le croyois dans mes fers.

Quand les biens les plus doux ici lui font offerts,
Quand il a vu, l'ingrat ! le trouble qui m'agite :
Vain fecours de mon art qui m'avez trop féduite !
Amour ! me gardiez-vous ce funefte revers ?

Il me fuit, hélas ! Il me quitte ,
Quand je le croyois dans mes fers.

Mais pourquoi redoubler mes peines
Par des regrets perdus, & par des plaintes vaines ,
Lorfque je puis les foulager
Par la douceur de me venger ?

Courons, courons à la vengeance ;
Hâtons-nous, volons fur les pas
Du perfide qui nous offenfe :
Vengeons nous fur l'objet de fa perfévérance ,
De l'outrage fanglant qu'il fait à mes appas :

Hâtons-nous, volons fur fes pas ;
Courons , courons à la vengeance.

C H Œ U R.

Circé ! courez à la vengeance ;
Hâtez-vous, volez fur les pas
Du perfide qui vous offenfe :
Courez , courez à la vengeance.

FIN DU SECOND ACTE.

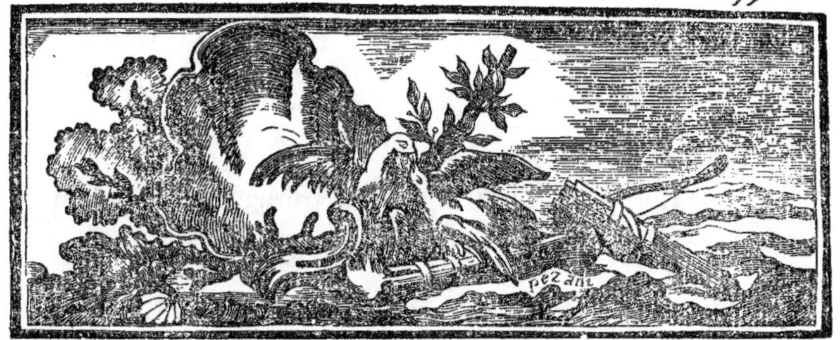

ACTE TROISIEME.

Le théatre repréfente le bord de la mer.

SCENE PREMIERE.

SCYLLA, TÉMIRE.

SCYLLA.

ERMENS trompeurs, tendre langage,
Ah ! Qu'il eft dangereux de vous trop écouter !
Et que feroit-ce hélas ! fi j'avois pu compter
  Sur la foi d'un amant volage ?

  Sermens trompeurs, tendre langage,
Ah ! Qu'il eft dangereux de vous trop écouter !

Glaucus n'eſt plus ſur ce rivage;
Témire un autre objet l'engage.

T É M I R E.

Ce Dieu n'auroit-il ſçu vous plaire qu'en ce jour ?

S C Y L L A.

Ah! depuis que mes yeux l'ont vu dans ce ſéjour,
Il ne me paroiſſoit déja que trop aimable :
Mais je ne l'ai jamais trouvé ſi redoutable ,
Que lorſqu'il m'a parlé d'amour.
Hélas! malgré ſon inconſtance ,
Malgré tout mon dépit , déſormais ſans deffence
Ma trop foible fierté ne craint que ſon retour,

SCENE II.

SCENE II.

SCYLLA, GLAUCUS, TÉMIRE.

GLAUCUS.

ME fuirez-vous encor, Nimphe trop infenfible ?
    Serez-vous toûjours inflexible ?

SCYLLA.

    J'ai cru que vous ne m'aimiez plus ;
    Et j'en entretenois Témire.

GLAUCUS.

Rien n'éteindra jamais le beau feu qui m'infpire.

SCYLLA.

Les charmes de Circé fur le cœur de Glaucus
    Auroient-ils perdu leur empire ?

GLAUCUS.

    Ses efforts feroient fuperflus.

    Oui, je verrois contre ma flâme
Unis avec Circé pour féduire mon ame,
Et la terre, & les mers, & l'enfer & les cieux,

F

Que je ferois fidele à l'Objet qui m'engage ;
Et j'en attefte ici le terrible rivage

Que révérent les Dieux.

Mais pourquoi des fermens emprunter le langage ?
Vos yeux feuls de mes feux ne répondent-ils pas ?

Ce n'eft point avec tant d'appas ,

Que l'on voit fon amant volage.

S C Y L L A.

Pourquoi vous obftiner à vivre fous mes loix ?

Laiffez moi mon indifference.

G L A U C U S.

Non, non ; je ne puis trop m'applaudir de mon choix:
Ne vous oppofez plus à ma perfévérance.

S C Y L L A.

Ah, Glaucus !

G L A U C U S.

Achevez ; laiffez-vous attendrir :
Voyez à vos genoux un Dieu qui vous adore.

S C Y L L A.

Vous avez pu changer ; vous changerez encore.

G L A U C U S.

Banniffez des foupçons qui me font trop fouffrir ;
Ou je croirai qu'enfin vous voulez me haïr.

S C Y L L A.

Vous haïr ! fçai-je hélas ! ce que je veux moi-même ?

G L A U C U S.

Vous détournez les yeux.

S C Y L L A.

Ils pourroient me trahir :
Contentez-vous de mon défordre extrême.

G L A U C U S.

Ne calmerez-vous point mon efprit agité ?
Parlez.

S C Y L L A.

Je crains votre infidélité,
Je m'en plains : puis-je mieux dire que je vous aime ?

G L A U C U S.

Belle Scylla, qu'entens-je ? Quel bonheur !
Non, je ne puis fuffire aux tranfports de mon cœur.
Vous m'aimez ! Et le trouble où cet aveu vous jette,
Me le rend mille fois plus doux.

S C Y L L A.

J'ai beau rougir de ma défaite,
Elle me plaît autant qu'à vous.

E N S E M B L E.

> Que le tendre amour nous engage ;
> Qu'il régne fur nous à jamais :
> Que notre ardeur foit le gage ,
> Et le prix de fes bienfaits.

G L A U C U S.

> Vous qui dans l'empire des flots
> Jouiffez avec moi d'une immortelle gloire ,
> Applaudiffez à ma victoire ;
> Venez, fortez du fein des eaux.

SCENE III.
SCYLLA, GLAUCUS, TÉMIRE.
DIVINITÉS DE LA MER.

GLAUCUS.

CHantez Scylla, chantez ; & célébrez ses charmes :
Les mortels & les Dieux, tous lui rendent les armes.

CHŒUR.

Chantons Scylla, chantons ; & célébrons ses charmes:
Les mortels & les Dieux, tous lui rendent les armes.

On danse.

TÉMIRE.

Jeunes cœurs , votre fierté
Vous fait souffrir mille peines :
L'Amour vous offre des chaînes
Plus douces mille fois que votre liberté.

On danse.

SCYLLA.

Ta gloire dans ces lieux t'appelle ,
Vole , fils de Venus , vole & rassure moi.

Mon vainqueur me promet une ardeur éternelle ;
Viens être garant de sa foi.

Que ta victoire seroit belle !
Que tu triompherois, Amour,
D'avoir sçu dans le même jour
Rendre mon cœur sensible, & mon Amant fidele !

Ta gloire dans ces lieux t'appelle, &c.

Mais que vois-je ? & vers nous quel nuage s'avance ?
L'Amour en ma faveur quitteroit-il les cieux ?

On voit un nuage qui descend sur le théatre.

C H Œ U R.

Dieu charmant, répondez à notre impatience ;
Paroissez : dissipez ce nuage odieux
Qui nous cache votre présence.

Le nuage s'ouvre, & Circé paroît.

G L A U C U S.

Juste ciel ! c'est Circé…

S C Y L L A.

Ma Rivale ! Grands Dieux !

Circé !

G L A U C U S.

Laissez moi seul éprouver sa colere ;
A ses jaloux transports dérobez vos appas :
Eloignez vous ; fuïez….

S C Y L L A.

Non , si je vous suis chere ;
Non ; vous ne me quitterez pas.

SCENE IV.

C I R C É , *seule.*

Tout fuit , tout disparoît ; & moi-même immo-
bile ,
N'apportai-je en ces lieux qu'un courroux inutile ?

C'est trop souffrir , je cede à mon ressentiment ;
Volez , volez affreuse jalousie :
Vengeons nous d'un ingrat , perdons mon ennemie.

Tremble , trop malheureux Amant ,
Crains les effets de ma furie….
Que dis-je ? en me vengeant de qui m'ose trahir ,

Je n'en serai que plus haïe :
Hélas ! Cherchai-je à m'en faire haïr ?

Cherchai-je à l'irriter, lorſque mon cœur l'adore ?

L'ingrat m'alloit donner ſa foi ,
Ah ! plûtôt eſſaïons encore
De le ramener ſous ma loi :
S'il dédaigne toûjours le feu qui me dévore
N'écoutons plus que ma fureur ;
Rempliſſons ce ſéjour d'épouvante & d'horreur.

FIN DU TROISIEME ACTE.

ACTE IV.

ACTE QUATRIEME.

Le théatre repréfente le mont Ætna dans l'éloignement.

SCENE PREMIERE.

GLAUCUS, CIRCÉ, DORINE.

CIRCÉ.

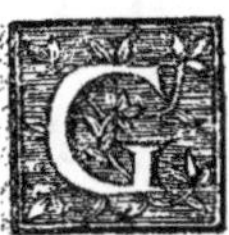LAUCUS, par tout l'amour que j'ai fait éclater,
>   N'ai-je obtenu que votre haîne ?

GLAUCUS.

Ah ! croïez que mon cœur touché de votre peine ,
>   Ne cherche point à l'irriter.

G

C I R C É.

Ne te souvient-il plus de la douceur charmante?
>> Qui sembloit répondre à tes vœux
>> Dans la Cour d'une tendre amante ?

>> Reviens, ingrat mais cher Amant ;
>> Et reprens de si douces chaînes.

>> Reviens dans un séjour charmant
Où pour nos tendres cœurs l'amour exemt de peines,
Devoit par les plaisirs marquer chaque moment :
>> Reviens, &c.

Cruel ! Tu t'applaudis du trouble de mon ame :
>> Mais dans le dépit qui m'enflâme . . .

G L A U C U S.

Croyez-en ce dépit , & loin de ce séjour
Oubliez pour jamais l'ingrat qui vous offense.

C I R C É.

Ah ! L'oubli n'est l'effet que de l'indifference ;
>> Et tu dois choisir en ce jour ,
>> De ma haîne, ou de mon amour.

>> Pensois-tu que par son absence
L'implacable Circé désarmant sa fureur
Te laisseroit en paix jouïr de ton bonheur ?

Non, ne te flatte pas d'une vaine efpérance :
　　　L'amour ne peut quitter mon cœur,
　　　Qu'en le livrant à la vengeance.

G L A U C U S.

Et vous, ne croïez pas étonner ma conftance :
Vos tranfports menaçans ne peuvent m'ébranler.

C I R C É.

　　　Je fçaurai te faire trembler ;
Je frapperai ton cœur par un endroit fenfible :
Et ta Scylla victime....

G L A U C U S.

　　　　O ciel ! N'achevez pas.
Cruelle ! Refpectez un objet plein d'appas

C I R C É.

Si tu l'aimes toûjours, mon ame eft inflexible ;
Rien ne la peut fauver d'un trop jufte trépas ;
Et je cours fatisfaire à mon impatience....

G L A U C U S.

Ah ! Si vous épargnez un fang fi précieux,
　　　Attendez tout de ma reconnoiffance.

C I R C É.

Avec moi dès ce jour abandonne ces lieux ;
　　　Et tu défarmes ma vengeance.
　　　　　　　　　G ij

GLAUCUS.

Oui, mon cœur se laiſſe émouvoir ;
Mais ſouffrez qu'à Scylla je déclare moi-même....

CIRCÉ.

Non, il faut partir ſans la voir.
Tu balances encor !

GLAUCUS.

Quelle rigueur extrême !

à Circé.

Eh bien, il faut céder ; j'immole mon amour.

à part.

Eloignons-là de ce ſéjour.

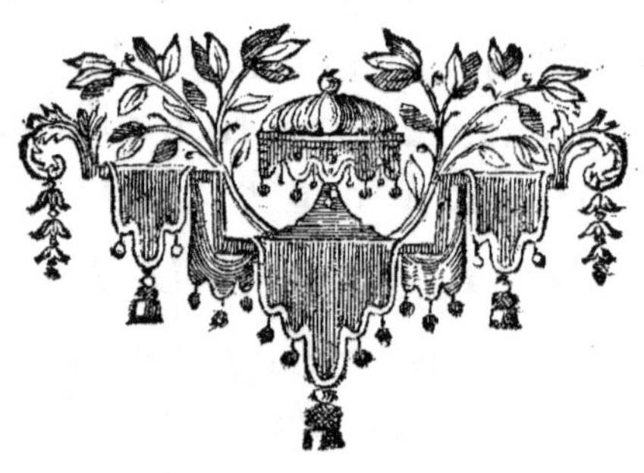

SCENE II.

CIRCÉ, GLAUCUS.

SCYLLA, DORINE.

SCYLLA.

OU courrez-vous, Glaucus ?

CIRCE', *à part*

O disgrace fatale !

SCYLLA.

Cher Glaucus, m'abandonnez-vous ?

CIRCE', *à Glaucus.*

Crains de réveiller mon courroux.

SCYLLA, *à Glaucus.*

Vous ne répondez rien ; ma peine est sans égale :

GLAUCUS.

Scylla craignez de m'arrêter :
Il y va de vos jours . . . . .

S C Y L L A.

Si vous m'êtes fidele,
Ah ! Dussai-je éprouver la mort la plus cruelle,
Demeurez.

C I R C É, *à Glaucus.*

Ma fureur est prête d'éclater.

S C Y L L A, *à Glaucus.*

C'est faire trop de résistance :
Je ne te presse plus ; & de ton inconstance
Mon cœur ne sçauroit plus douter,
Perfide !

G L A U C U S, *à Scylla.*

O ciel ! Quelle injustice !
Scylla ! Moi perfide ! Grands Dieux !
Ne puis-je dissiper un soupçon odieux ?

à Circé.

Et vous, qu'à vos genoux Glaucus vous attendrisse,
Verrez-vous sans pitié mes yeux baignés de pleurs !
Ah ! si je vous suis cher, mes mortelles douleurs,
Circé ! * Ses larmes, ma priére,
Desarmeront votre colére.

* *Montrant Scylla.*

C I R C É , à Glaucus.

C'en eſt fait , mon courroux cede à votre douleur ;
Et mon reſſentiment expire :
Il faut au prix du mien faire votre bonheur :
Glaucus , à cet effort connoiſſez ſur mon cœur
Tout ce que vous avez d'empire.

G L A U C U S , & S C Y L L A.

O généroſité trop digne qu'on l'admire !

C I R C É.

Allez , couple fidele , épargnez à mes yeux ;
D'être encor les témoins des tranſports de votre ame:
Heureuſe ſi j'oublie en partant de ces lieux ,
Les douceurs dont l'Amour va payer votre flâme !

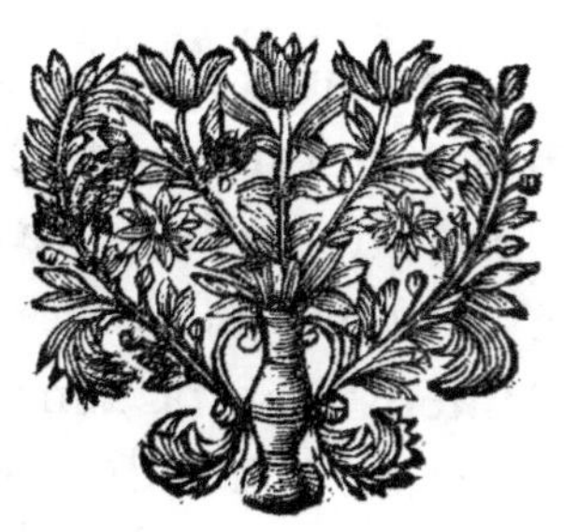

SCENE III.

CIRCÉ, DORINE.

CIRCÉ.

AH ! c'eſt trop conſerver une inutile ardeur :
Que de ſes fers enfin mon ame degagée ,
Ne reſpire que la fureur.

DORINE.

Ciel ! Dans quel déſeſpoir je vous revois plongée !
Quoi ces généreux mouvemens
Dont vous flattiez ces deux amans…

CIRCÉ.

Depuis que mon courroux cherche à ſe ſatisfaire ,
En parcourant tout ce ſéjour ,
J'ai découvert une onde pure & claire
Que les yeux de Scylla conſultent chaque jour ;
Par mes enchantemens bientôt à ma rivale
Je ſçaurai la rendre fatale :
Et l'ingrat qui ſe croit au comble de ſes vœux ,
N'en ſera que plus malheureux.
Ah !

Ah ! Que la vengeance a de charmes,
Quand on ne peut se faire aimer !
Quel plaisir pour mon cœur de voir couler des
larmes,
Des yeux que je n'ai pu charmer !

Le théatre s'obscurcit par les ombres de la nuit, & semble
n'être plus éclairé que par les feux du mont Ætna,&
par la lumiere de la Lune qui paroît.

C I R C É continue.

Mais déja de ses voiles sombres,
La nuit embrasse l'univers :
Dorine, j'ai besoin du secours des enfers ;
Laisse-moi profiter du silence & des ombres.

S C E N E IV.

C I R C É , *seule.*

Noires Divinités de la rive infernale,
Sortez ; sortez ; paroissez à mes yeux :
Oubliez un moment Ixion & Tantale ;
Venez troubler la paix qui regne sous les cieux.

H

SCENE V.
CIRCÉ,
DIVINITÉS INFERNALES.
CHOEUR.

QUe Circé nous inspire une fureur nouvelle;
Sortons, sortons ; paroissons à ses yeux :
Hâtons nous , hâtons nous quand sa voix nous appelle ,
Troublons , troublons la paix qui regne sous les cieux.

On danse.

CIRCÉ.

Brillante fille de Latone ,
Cessez d'éclairer l'univers ;
Descendez, traversez les airs :
Que toute la nature en fremisse, & s'étonne ;
Et que les Cieux s'unissent aux Enfers.

CHOEUR.

Brillante fille , &c.

Les enchantemens & les danses continuent : on voit la lumiere de la Lune s'affoiblir ; & cet astre se précipite dans la Terre.

C I R C É.

Du flambeau de la nuit la clarté pâliffante,
Semble répondre à notre attente;
Et cet aftre à la fin cédant à nos efforts,
Se précipite aux fombres bords.

C I R C É *& le* C H O E U R.

Déeffe redoutable,

Rendez vous à nos vœux;

Soyez-nous favorable :

Déeffe redoutable,

Hécate, revenez préfider à nos jeux.

Les cérémonies magiques, & les danfes recommencent.

C I R C É.

La terre s'ouvre : Hécate a reçu nos priéres;
Et fa préfence vient confommer nos miftéres.

S C E N E VI.

C I R C É, H É C A T E,

D I V I N I T É S   I N F E R N A L E S.

H É C A T E, à Circé.

POur toi feule deux fois j'ai paffé l'Achéron,
Circé, pour affouvir ta rage,

Je t'apporte avec moi le plus mortel poifon
Qu'ait fur fes triftes bords produit le Phlégéton.

Elle lui donne une herbe empoifonnée.

C I R C É.

De vos terribles dons je fçaurai faire ufage,
Déeffe je cours me venger :
Malheur à qui fçût m'outrager !

Elle fort.

H É C A T E.

Mais l'aurore bientôt va diffiper les ombres :
Rentrons dans nos demeures fombres.

C H O E U R.

Rentrons dans nos demeures fombres.

FIN DU QUATRIEME ACTE.

ACTE CINQUIEME.

Le théatre repréſente un lieu préparé pour une fête.
On voit une fontaine.

SCENE PREMIERE.

GLAUCUS, SCYLLA.

GLAUCUS.

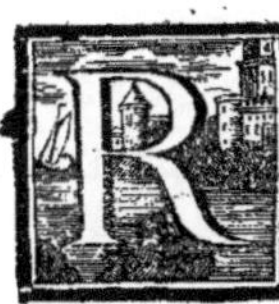

IEN ne s'oppoſe plus à ma felicité ;
Rien ne peut l'égaler, que mon amour
extrême.

SCYLLA.

C'eſt de votre fidelité ,
Que dépend mon bonheur ſuprême.

GLAUCUS.

Le bonheur qui m'enchante, & comble mes souhaits,
Donne à ce beau séjour mille nouveaux attraits ?
L'émail riant de la verdure ,
Brille , & plaît davantage à mes yeux satisfaits ;
L'haleine de Zéphire est plus douce & plus pure :
Il semble quand l'Amour répond à nos désirs ,
Que pour mieux payer nos soupirs ,
Il embellisse la Nature.

SCYLLA.

Ne puis - je exemte de frayeurs ,
De l'amour comme vous , éprouver les douceurs ?

GLAUCUS.

Aux Ciclopes jadis la Sicile asservie ,
De leur joug se vit affranchie ;
Le Peuple aujourd'hui par ses jeux ,
Va célébrer ce jour heureux :
Ah ! Lorsque tout ici respire l'allégresse ,
Seroit-ce à vos beaux yeux de répandre des pleurs ?

SCYLLA.

D'un noir pressentiment je ne suis point maîtresse ,
Il m'inspire mille terreurs :
Je crains Circé.... Je crains sa fatale tendresse.

G L A U C U S.

Peut-être que son cœur si prompt à s'enflâmer,
De Glaucus pour jamais à perdu la mémoire.

S C Y L L A.

Eh quoi ? Scylla peut-elle croire
Que l'on cesse de vous aimer ?
Du moins si votre cœur étoit toujours le même !

E N S E M B L E.

C'est de votre fidelité,
Que dépend mon bonheur suprême :
Non, rien ne manque plus à ma félicité,
Si vous m'aimez toujours autant que je vous aime.

G L A U C U S.

Mais la fête va commencer ;
Et nous voyons déja le Peuple s'avancer :
Prenons part à leurs jeux ; que votre crainte cesse :
Mêlons des chants d'amour, à leurs chants d'allé-
gresse ?

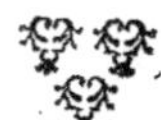

SCENE II.

GLAUCUS, SCYLLA.

HABITANS DE LA SICILE, *qui viennent célébrer le jour de la délivrance de leur Pays.*

CHOEUR.

Chantons, bénissons à jamais,
Célébrons ce jour mémorable
Où le Ciel favorable
A comblé nos souhaits,
Chantons, bénissons à jamais,

On danse.

GLAUCUS, *aux Peuples.*

Chantez, chantez l'Amour, chantez ses douces
flâmes ;
Hâtez-vous, hâtez-vous de ressentir ses feux :
Ah ! Si vous voulez être heureux,
Qu'il enchaîne vos cœurs, qu'il régne sur vos âmes.
Chantons, chantons l'Amour, chantons ses douces
flâmes ;
Qu'il enchaîne nos cœurs, qu'il régne sur nos âmes.

CHOEUR.

C H O E U R.

Chantons, chantons l'Amour, chantons fes douces
    flâmes ;
Qu'il enchaîne nos cœurs, qu'il regne fur nos âmes.

On danfe.

UNE SICILIENNE, *alternativement avec le Chœur.*

Viens Amour , quitte Cithére ,
Laiffe-là tes traits vainqueurs ;
Pour défarmer la plus fiére ,
Il ne faut que tes faveurs :

Envain la raifon févére
Veut déffendre notre cœur ,
Tu la forces de fe taire ,
Quand tu fais notre bonheur.

Dieu d'amour , faut-il fans ceffe ,
Quand nos Bergers font amans ,
Voir la fin de leur tendreffe ,
Avant celle du Printems ?

Fais qu'ici leurs doux hommages
Puiffent durer plus long-tems ;
Ou du moins rends nous volages ,
Quand tu les rends inconftans.

On danfe.

I

GLAUCUS, à Scylla.

C'eſt au bord de cette fontaine,
Pour la premiére fois que je vis vos beaux yeux.

SCYLLA.

Un ſouvenir ſi précieux,
Vers ſon charmant criſtal m'entraîne.

Après avoir regardé dans la fontaine.

Dieux ! Quel frémiſſement, quelle horreur me ſaiſit?
L'air ſe trouble, le jour pâlit-
Quels monſtres affreux m'environnent!

à Glaucus.

Sauve moi, cher amant, de leurs noires fureurs.

Glaucus s'approche d'elle.

SCYLLA continue.

Inutile ſecours ! mes forces m'abandonnent . . . .
Cher Glaucus, je vous perds. . . . Je ſuccombe. . . .
je meurs.

Elle tombe ſur un lit de gazon.

GLAUCUS.

Elle expire. O douleur mortelle !

CHOEUR.

O ciel ! ô fortune cruelle !

G L A U C U S.

Ah ! Que ne pouvez-vous, mes yeux, mes triftes
   yeux,
Vous fermer pour jamais à la clarté des Cieux ?

Aux Peuples.

Témoins de mon malheur, partagez ma trifteffe.

C H O E U R.

Plaignons, plaignons, la douleur qui le preffe.

G L A U C U S.

Hélas ! Ouel funefte fuccès !
Quelle fin d'un amour fi tendre & fi fidele !
Scylla ! Chere Scylla ! Vainement je l'appelle :
Vainemeut de mes cris je remplis ces Forêts.
   Scylla !

C H O E U R.

Scylla !

S C Y L L A revenant de fon évanouiffement.

Qu'entens-je ? Quels regrets ?
Les Enfers feroient-ils fenfibles à ma peine ?

G L A U C U S.

Elle refpire, ô ciel ! ... Scylla...

SCYLLA.

Que vois-je ô Dieux !
Quoi Circé, ta rage inhumaine
Me poursuit jusques dans ces lieux !
Evitons, évitons des objets que j'abhorre.

GLAUCUS.

Ah ! Dans l'état funeste où je la vois encore,
Suivons-là ....

SCENE DERNIERE.

GLAUCUS, CIRCÉ *en l'air sur un Dragon.*

PEUPLES DE LA SICILE.

CIRCÉ.

Demeure, Glaucus;
Epargne toi des soins qui seroient superflus :
Songe, songe plûtôt à t'armer de constance.
Ta Scylla dans les flots opposés à ses pas,
A déja trouvé le trépas,
Et satisfait à ma vengeance.

Mais il faut rendre à ta persévérance
L'objet de ces regrets dont je te vois pressé.

Le théatre change, & représente la mer & le détroit de Sicile. On voit d'un côté le Promontoire de Rhége en Italie & le Gouffre de Carybde ; & de l'autre un Rocher représentant une femme, ayant le corps d'une Siréne ; & des monstres qui semblent aboyer autour d'elle.

C I R C É continue.

Voilà cette Nimphe si belle,
Et les tristes effets de ton amour pour elle,
Et de ta haine pour Circé.

G L A U C U S.

Hélas ! Que ma douleur sur ce fatal rivage
Redouble à ces tristes objets !
Portons en d'autres lieux mes pleurs & mes regrets.

Il sort.

C I R C É.

Que ce rocher monument de ma rage,
Près de ce gouffre dangereux,
Soit un écueil encor mille fois plus affreux :
Et qu'offrant à jamais un funeste assemblage
Pour le malheur de l'univers,
Et Carybde & Scylla, soient la terreur des mers.

Elle s'envole.

FIN DU Ve. & DERNIER ACTE.

A P P R O B A T I O N.

J'Ai lû par ordre de Monseigneur le Chancelier *Scylla & Glaucus, Tragedie en Musique*, & je n'y ai rien trouvé qui doive en empêcher l'Impression. A Versailles, ce 11 Septembre 1746.

DEMONCRIF.

& neceſſaires, ſans demander autre permiſſion, & nonobſtant Clameur de Haro, Châtre Nor-
mande & Lettres à ce contraires. CAR tel eſt nôtre plaiſir. DONNE' à Fontainebleau le
douziéme jour de Novembre, l'An de Grace mil ſept cent trente-quatre, & de notre Regne
le vingtiéme : *Et plus bas*, Par le Roy en ſon Conſeil. *Signé* SAINSON, avec paraphe.

*Regiſtré ſur le Regiſtre VIII. de la Chambre Royale des Libraires & Imprimeurs de
Paris, N. 797. fol. 779. conformément aux anciens Réglemens, confirmés par celui du
28 Février 1723. A Paris le 23 Novembre 1734.*

G. MARTIN, Syndic.

www.ingramcontent.com/pod-product-compliance
Lightning Source LLC
LaVergne TN
LVHW022318170726
843503LV00006B/2581